I0200257

www.ingramcontent.com/pod-product-compliance
Lightning Source LLC
Chambersburg PA
CBHW071835020426
42331CB00007B/1736
9781777886011

ASMANA
PUBLICATION

غریبه‌هایی که در من زندگی می‌کنند

شعرهای ۱۳۹۰-۱۳۹۱

مهدی گنجوی

ناشر: آسمانا، تورنتو، کانادا
۱۴۰۰/۲۰۲۱

غریبه‌هایی که در من زندگی می‌کنند

شعرهای ۱۳۹۰-۱۳۹۱

شاعر: مهدی گنجوی

ناشر: آسمانا، تورنتو، کانادا

طرح جلد: میثم علیپور

صفحه‌آرا: محمد قائمی

نوبت چاپ: اول، ۲۰۲۱/۱۴۰۰

ISBN : ۹۷۸۱۷۷۷۸۸۶۰۱۱

ASMANA
PUBLICATION آسمانا

۱

ملافه از خار است. زن می‌گوید: «من با اندام‌هایم چند نفرم.» دوباره به سمت مرد می‌رود. مرد برای ادامه دادنِ خودش، نفس تازه می‌کند. خارها را که مرتب می‌کند، خارها او را مرتب می‌کنند.

وقتی که گرگ‌ها طول کویر را با بدن تو می‌دویدند، کویری در تو جای مناسب آب را نمی‌دانست.

۲

تخت از جنسِ ساعت است. عقربه‌های تخت زن و مردی هستند که می‌دانند رسیدن، عادتی‌ست که ما از رفتن داریم. گوشه‌ای کسی کتاب می‌نویسد. در کتاب او، زن، تمامِ گرگ‌های گرسنه را سیر خواهد کرد و منتظر سیر شدن، بدنش غذا می‌شود. نویسنده گرسنه که می‌شود، کتابِ خود را می‌خورد.

از لب‌های تو خون می‌چکید؛ از لب‌های من یک پرسش: «با خوردن بال‌هایت آیا پرواز خواهم کرد؟»

۳

در اتاق، زن و مردی روی تخت دراز کشیده‌اند. مرگ، کنارشان ایستاده. مرگ را که معرفی می‌کنند، مرگ اصرار دارد نیازی به معرفی نیست. از درون تلویزیون جمعیت زیادی خیره به اتاق نشسته‌اند. به جای مرد و زن ناله می‌کنند. قاب تصویر که دور می‌شود رهبر ارکستر، وقت ناله را با دست نشان می‌دهد.

بدنت را که مرتب کردم دیدم بخشی از بدنت نیست. با خنده گفتی وقت باریدن، برف، بدون ردّ پاست.

۴

مرد و زن هر کار که می‌کنند، آینه چیز دیگر نشان می‌دهد. از هم دور می‌شوند و آینه تصویر هم‌آغوشی را نشان می‌دهد. مرد می‌گوید ساعت، زمان را به مقدار کافی می‌بیند. آیینه، اشتباه انسان بود که بخشِ نادرستِ دیدن شد.

آینه‌ای را گذاشته‌ای جایی که وقتی می‌رسی، در آن می‌بینم که می‌روی. حق با تو بود، پرنده از ما که دور می‌شود پرنده می‌شود.

۵

شروع بدن، معلوم نیست. زنی‌ست که در بدن خود آلت تناسلی چند حیوان را جمع کرده. مرد به اختیار خود، گونه‌ی حیوانِ خود را انتخاب می‌کند. در پشتِ سر، یک فضاپیماست و در آن فضانوردی، آسمان را گودالی می‌بیند که زمین به آن محتاج بود. کهکشان، خاطره‌ای از غروب خورشید ندارد.

در بزاقِ گرگ، گوشت، معنای خود را دارد.

۶

زنی دراز کشیده عریان و فیلم می‌بیند. در فیلم، خودش، در همان حالت، دراز کشیده و مردی به سوی او می‌آید و در کنار او می‌خوابد. وقایع فیلم با فاصله‌ی زمانی کوتاهی برای زنِ بیرون از فیلم نیز می‌افتند. زن با خیال مردِ درون تلویزیون ناله می‌کند. همان مرد، بیرون تلویزیون گیج است. خودش را در وقایع داخل فیلم به یاد نمی‌آورد. زن اما در انتظار واقعیت نیست. واقعیت را در انتظار خود نگه داشته است.

روی تخت، من سایه‌یِ زندگی‌ام هستم.

۷

یک ساختمانِ تاریک، ادامهی زن است. در گوشهی دیگر، روی مرد سایهای افتاده که جنسیت خود را لو نمیدهد. اعضای صورت مرد هر یک حس متفاوتی دارند. به جای آلتِ مرد، یک عروسک است و دختربچهای گوشهای دیگر برای گریه کردن اجازه گرفته.

ناشناسی مدتهاست که در من است و خودش را معرفی نمیکند. خودم را که به تو معرفی میکنم، ناشناس میخندد.

۸

چند بیگانه در حال خندیدن به مرد هستند. مرد با خشم به دختر عریانی نگاه می‌کند که در بدنش رد دندان‌های بیشماری افتاده. یک بچه از عضوی گاز گرفته به دنیا می‌آید. تمام تصویر با قیچی بریده شده و چسب خورده. دوباره بریده شده.

دهان یکصد شیرخواره روی بدنت می‌بینم. مطمئن که نمی‌شوم از همین از.

۹

به زن، آینه‌ای وصل است که مدام پشت زن را نشان می‌دهد. مردی روبروی زن نشسته و حین نگاه کردن، عقربه‌ی ثانیه‌شماری را محکم گرفته، ثابت. درِ حمام باز است و حوله، مچاله‌ی بدن زن را نگه داشته.

دیدن، حیوانی‌ست زخم‌خورده که در من می‌دود. بدن تو آینه‌ای‌ست وحشی.

۱۰

در گوشه‌ی سمت راست، ملافه‌ای عمودی ایستاده. زیر ملافه، چند چروک، یک ناله،
چند حیوان، و یک دستِ اشاره. در سمت چپ، مرد به زن خیره است که عقربه‌ی
ساعت را به جای دست پوشیده. جملات را پیش از آنکه از دهانش بیرون بیفتند، رام
می‌کند. مرد به چروک که نگاه می‌کند، می‌گوید: «بدن، تحلیل ما از زندگی‌ست.»

بدن تو زمینی که می‌خواهد مردابم شود.

۱۱

یک سمت، یک پیرمرد که چروک‌هایش به زمین که می‌رسد جزوی از زمین می‌شود. سمت دیگر، یک آتشفشان با دهانه‌ای یخ‌زده، لباس‌پوشیده. در وسط، کتابی روی بدنِ دخترِ زخمی، بی‌سواد می‌شود. یک جمله دهانِ دختر را دوخته. دختر قسم می‌خورد که لذت می‌برد و شلاق را به شما تعارف می‌کند.

همیشه شکلِ من مرا معرفی می‌کند در هر خراش که بخشی از پوست می‌رود برایِ همیشه.

۱۲

بدن دختر به جای اندام تناسلی یک آینه دارد. مرد دارد خودش را در آینه با لذت نگاه می کند، و زانو زده است. نوحِ خردسال گوشه‌ای ایستاده و از هر حشره ۲ عدد را برداشته است در یک قایق کاغذی گذاشته است. بلای طبیعی تازه‌ای در راه است. بلایی که هنوز نامی برایش دست و پا نکرده‌ایم.

بدن تو می‌گوید که زیباترین بدن از آن کسی‌ست که متلاشی که می‌شود زیباتر می‌شود.

۱۳

زنی در حال گذاشتن اعضای بدنش در یک گنجه است. زنی که تنها فرصت دارد یک‌بار برای مردم جهان لخت شود. گوشه‌ی لباس بلندش کنار رفته و بدنش از اشیای روزمره پر است. قطرات آب روی بدنش بخار می‌شوند و بالای سرش دوباره می‌بارند.

اگر زندگی طولانی‌تر بود، مادرِ طولانی همین مادرِ کوتاه نبود.

۱۴

طنابِ رختی طولانی دیده می‌شود. به طناب، اعضای جداشده‌ی بدن مرد و زن با گیره وصل است. صدای ناله‌ی مرد و زن که می‌آید، طناب شروع به تکان‌خوردن می‌کند و اعضا به هم می‌خورند آنقدر که طناب پاره می‌شود.

زمانِ زیادیْ من از من عقب نشست که به پای تو بیفتد زمانِ کوتاهی.

۱۵

زنی‌ست عرق‌کرده که فاصله‌ی مشخصی با شما دارد. تا به او دست می‌زنید، چهره‌اش را عوض می‌کند. فرصت می‌دهد او را بشناسید تا دوباره عوض شود.

در شناختِ تو، تنها شکلِ تکرارشدنت را شناختم.

۱۶

هر روز سایه‌ی یک زن با شما همراه است. زنِ پنهانِ درونِ سایه، وقتِ درد کشیدن بیرون می‌آید، روی بدن شما می‌گرید، دوباره سایه می‌شود.

یک جمله، دایره است در هر فرد. عادت دارم که فاعل می‌تواند "تو"، می‌تواند ...‌خالی باشد.

۱۷

مرد در حال غذاخوردن است. غذا ادامه‌ی طبیعیِ بدن زن است که گوشه‌ای ایستاده و تمام‌شدن خودش را نگاه می‌کند. وقتی که دیگر چیز زیادی از زن باقی نمانده، با خنده می‌گوید: چقدر گرسنه بودی. مرد دهان زن را در دهان خود می‌گذارد و می‌گوید: گرسنگی کلمه‌ایست که مجبور است.

دریغ شدم از زن؛ حالا خودِ دریغ، زن است.

۱۸

زنی که آماده است هر کلمه معنای تازه داشته باشد. تا هر آدم جورِ دیگرِ آدم باشد. زنی که می‌داند شلاق، بخشی از معنای دست است و بیهوده کلمه‌ای برای آن نمی‌سازد. مردی که می‌داند اهمیتِ هر امر مقطعی‌ست. خانه‌ای که لزومی به تختخواب ندارد.

زندگی شبیه ساعت شنی‌ست
ساعت‌های دیگر
دروغ می‌گویند.

۱۹

زن از لذت عرق کرده و باز دعوت می‌کند: به تفاوتِ من با خودت وارد شو! مرد، عرقِ‌نکرده‌ای با خود دارد که منتظر است بیرون بیاید و روی بدن مرد بلغزد تا زمین.

طعم بدن تو طعم کلمه‌ای ست که از دهانم بیرون می‌رود تا با گوشم شنیده شود.

۲۰

دختر با بدنی ساکت نشسته است. بدن او می‌خواهد بدانی همه چیز مجاز است. گودالی کشیده شده روی بدنِ مرد. زیرِ گودال نوشته شده: «مرگ بلندتر از زندگی‌ست.» مرد به دنبالِ پر کردنِ گودالِ خود، بدن زن را داخلِ گودال می‌اندازد.

برایِ رسیدن به عمقِ من در بدن زن مرا خالی کن که در بدن زن فهمیدم عمق پُر نمی‌شود است.

۲۱

زنی زخمی درون یک قیچیِ بزرگ، عریان، خوابیده است. دستهی قیچی در یک
دستِ شماست. هرچه به او میگویید، تنها- منتظرِ لمس آهن- پاهایش را به هم
میمالد. به شما میگوید: «چیزِ واقعی، چیزِ بیدلیل است. ماییم که همیشه گذشتهی
دیگری را میسازیم.»

شکنجه گذشتهیِ شکنجه میماند.

۲۲

۲ کودک در یک تخت خوابیده‌اند. پسرِ کوچک به دختر چیزی می‌گوید و دختر به او نزدیک‌تر می‌شود. پسر تا جایی که بلد است -تا در آوردنِ چیزها- به دختر نزدیک می‌شود. از جایی، دیگر بلد نیست و آن‌جا، پایان است؛ مثل هر کس دیگر رد پایان را در بدن خود می‌شناسند.

باید بدنِ خیسِ خود را با کویرِ من قسمت کنی. من که سرابی دیده‌ام که اشتباه دیدنِ هیچ چیز نیست.

۲۳

یک زن، عریان در خیابان راه می‌رود و فلسفه می‌خواند.

روی بدنِ من بنویس آن‌چه که نیست.

۲۴

مرد تقاضای عفو می‌کند از مرد دیگر که با دست خود زخم را در مشت گرفته، نمی‌پذیرد. گوشه‌ای روی سینه‌ی زن با زخم نوشته شده: من. لانه‌ی گمشده‌ی یک پرنده گوشه‌ی تصویر، حیوان می‌خواهد.

زخمت همان چیزی‌ست که طبیعت کم داشت.

۲۵

یک مرد با عینکی شکسته کتاب می‌خواند. کتاب فرسوده است و صفحاتِ پاره‌شده‌ای دارد. صفحات از کلماتی پر شده‌اند که حروفشان ناخوانا افتاده. حروف، الفبایی را تشکیل می‌دهند که بی‌توجه به آنکه ما نمی‌شناسیمش، تنهاییِ زنی عریان را تصویر می‌کند.

۲۶

نابینایی دنبالِ پیدا کردنِ چشم، بدن یک زن را دست می‌کشد. زن خمیازه می‌کشد و گریه‌ی نابینا مخفی می‌شود.

من تنها توسط کسی نگاه‌شدنم را می‌پذیرم که پلک نمی‌زند.

۲۷

زنی دست می‌کشد رویِ سنگ قبر، با دستی که گذشته‌ی خود را همراه دارد.

آنچه ما از مرگ خوب می‌شناسیم معطل شدنِ بدن است.

۲۸

یک زن خیره به دریا نشسته است. کف‌های آب آرام به سمت او می‌آیند و پای بدن او تمام می‌شوند. زن اما خیره به عقب دریا نشسته است.

اعضایم به تو که می‌رسیدند حباب می‌شدند.

۲۹

زن با درد می‌گوید که نمی‌خواهد. کنار خود می‌بیند کودکی‌اش ایستاده و گریه می‌کند. مرد می‌داند زجر در بدن ما می‌ماند و تنها از بدنی به بدن دیگر می‌رود. تنها می‌خواهد بداند جهانِ بدونِ زجر چند ساعت است. مرد به زن می‌گوید: «زن و مرد جوابِ یکدیگرند، جوابِ من باش.»

در بدن تو جواب آماده است. پرسش را به عقب می‌اندازم شاید جایی بدونِ علامتِ سوال هم معنی داشت.

۳۰

شاعری‌ست که شعرش هیچ خوانده نمی‌شود. روزی شعرش را روی بدنش می‌نویسد و در ملاء یک زن لخت می‌شود. پیاده‌رو شلوغ می‌شود و کسی از میان جمعیت می‌گوید: «تفاوتِ اصلی، تفاوت بدن‌هاست.»

ما بین رابطه‌ها اختراع می‌شویم و رابطه هیچ‌گاه اختراع نمی‌شود.

۳۱

مرد و زنی که از یکدیگر متنفرند باهم می‌خوابند. می‌دانند کسی که از او متنفری بدنت را به جاهای تازه می‌برد.

خوشحالم چیزی را می‌شکنی که نمی‌دانی چه زیباست. خوشحالم که چیزم پیش تو. لمسِ محال!

۳۲

زنی می‌خواهد از هر لذتی دلیل خود را بیاورد. بعد اگر دلیلش کافی نبود آن لذت را پس می‌زند. زنی که لذت جنسی را عقب‌مانده می‌داند.

آن زن منتظر است. دیوانه‌تر از من. منتظر تا دلایل کافی شوند.

می‌گوید: «لمس، آینده‌یِ دست است. لمس، نیاز به گذشته دارد.»

جهان برای من مجاز نیست

با کلماتت مجازش کن

کاری که شاعران کردند.

۳۳

از دریچه می‌بینیم یک پرنده و یک مرد به آسمان خیره‌اند؛ پرنده می‌گوید: «در آسمان نمی‌توان لانه کرد.» مرد می‌گوید: «حرف که می‌زنیم واقعیت را پیر می‌کنیم.»

هر آن چه در تو تمام می‌شود در من شروع می‌شود. در تو تنها منتظرِ تمام نشدن‌ام.

۳۴

یک زنِ پوشیده روبروی یک نقاش ایستاده و نقاش در حال کشیدن است. نقاشی را که می‌بینیم همه‌یِ اعضایِ بدنِ زن طولانی شده‌اند. آنقدر طولانی که لباس‌های زن پاره شده‌اند. مرد می‌گوید: «دوست‌داشتن کسی طولانی‌کردن اوست تا آن جا که معلوم نشود.»

ناله‌ی من کلمه‌ای‌ست که می‌دود و تو ایستاده نگاهش می‌کنی.

۳۵

در قابِ یک ساعت، تصویرِ یک زن است.

بعد از تو،
در من مانده است.

۳۶

یک پیرمرد و یک پیرزن می‌دانند بسیاری از چیزهایی که می‌دانند به دردشان نمی‌خورد دیگر.

بدن‌های چروک

حروف سالخورده را

هنوز

حمل می‌کنند

در دهان

و نمی‌رسانند به مقصد.

۳۷

ما مرگ را نمی‌شناسیم
چون نمی‌دانیم
از چه فاصله‌ای
نگاهش باید کرد.

۳۸

در اتاق یک بیمارستان قاب عکسی از بکت است که از بیماران روبه‌مرگ می‌خواهد سکوت کنند.

در هر کلمه معنای چند حرف را نمی‌دانیم.

۳۹

مردی زانو زده و به بالا خیره است. بالا آنقدر تاریک است که معلوم نیست چیزی هست یا نیست. رگ‌های گردن مرد درحال ساختن یک فریادند. زنی آن طرف‌تر دارد به شما می‌گوید دوست دارد چگونه لخت شود.

مرا بخواهید

تا نیامدنم

ارزش داشته باشد.

۴۰

شمع‌های زیادی گذاشته‌اند روی بدن مردی که می‌گفت دوست‌داشتنِ کسی فاصله‌ی
او را با ما نگه‌می‌دارد.
پایین‌تر، یک خودکار، بی کمکِ دست می‌نویسد: «داس نمی‌تواند علف هرز را
جوری بزند که در نیاید.»

آینده‌ی علف هرز وقتی عوض می‌شود
که عوض شود.

۴۱

زن دستپاچه از آینه برمی‌گردد. می‌گوید مشکلِ آینه وقتی معلوم می‌شود که بدانیم خودش نیست و هر چیز را جوری نشان می‌دهد که هیچ کس نمی‌بیند. و بعد داستانِ زخمِ رویِ پایش را با افعال آینده تعریف می‌کند.

وقتِ اختراعِ دیدن، اختراع دیده نشد.

۴۲

تو خیلی از بدن من هستی.
پیاده‌روی که بدنِ من
داشت.

۴۳

تو نتیجه‌یِ یک فکرِ طولانی بودی
در بدنِ من.

۴۴

یک زن دارد بدنِ یک مرد را سوراخ می‌کند. آنقدر که بتواند از درونِ مرد بگذرد و دلیل این کار خود را پشتِ سر مرد پیدا کند.

این بدن با هزاران فعل ماضی و تک‌فعلی مضارع، تو را می‌خواهد.

۴۵

در من
زنی بی‌رمق
مرد دیده می‌شود.
با انگشتی که اشاره می‌کند
انگشت‌های دیگر
دیده نمی‌شوند.

۴۶

کافکا در تخت بیمارستان هرلحظه به ساعتش نگاه می‌کرد تا زمانِ دقیقِ مرگش را بداند. وقتی که دیگر نمی‌توانست ببیند، مرگ هم دیدنی نبود.

در من نیزه‌هایی به سمتِ درون است که با خون از آن‌ها که می‌گذرم به نیزه‌های به‌سمتِ بیرونِ تو می‌رسم.

۴۷

از من سؤالی کرد
که طولانی و عریض شدم
و در مساحتِ تازه‌ی خودم
بدونِ جواب   ماندم.

۴۸

برای دست‌های من زمین هستی

برای پاهایم آسمان.

و با تو

به سادگی

هر عضوِ بدنم را

می‌فهمم.

۴۹

اطراف تو
عصای هر لحظه است.
اطراف تو
اما نزدیک تو نیست.
جایی دور است که می‌دود
و مرا مثل گربه‌ای
که در هر پَرِش
پنجه به پایش فرو می‌رود
می‌دوانَد.

۵۰

نگرانم بودم

که عشق، عوض‌شدن بی‌اختیار من بود

سایه‌ای که طولانی‌تر از من،

من بود.

۵۱

زنی در آستانه‌یِ یک در ایستاده. جوری که ما تنها بتوانیم قسمتی از او که می‌خواهد نمایش دهد را ببینیم. او چشم‌های همه‌ی ما را حدس می‌زند.

من مساحتِ زمانم؛ عقربه‌ای در من از تو می‌گذرد.

۵۲

زنی درونِ یک مثلث دراز کشیده. هر مرد که وارد مثلث می‌شود، مثلث بزرگ‌تر می‌شود. مثلث نمی‌گذارد کسی خارج شود. زن بعد از مدتی از مثلث خارج می‌شود و مردها آن جا تنها می‌مانند، بی آنکه راهِ خروجی باشد.

چیزی که می‌خواهم مرا از داشتن چیزی که نمی‌دانم دور می‌کند. بدن تو اما از لمسِ محال ساخته شده.

۵۳

با کلماتِ دست‌به‌دست شده‌ام،
کهنه‌ات می‌کنم.
به کلمات بگو
حنجره بسازند.

۵۴

نویسنده‌ای می‌بیند که زنِ بی‌رمقش هر روز کلمات بیشتری را فراموش می‌کند.

خاطره

همیشه

از ساعت‌های موازی

پر است.

۵۵

رسیده‌ام به جایی که معلوم نیست
ولی مرا معلوم می‌کند.

۵۶

زن می‌داند بدن قابل اعتمادتر از حرف است. منتظرِ تغییر مردمکِ مرد، چند عکس را به او نشان می‌دهد.

من با سرعتی که تو درباره‌ام فکر می‌کنی می‌جنگم و هربار شکست می‌خورم.

۵۷

نالهی آشفتهی یک زن در ضرباهنگ واحدی تکرار میشود در تمام روزی که شما مجبور به انجام کارهایی هستید که دوست ندارید.

زنِ هرزه
با همه
عینِ همه
میخوابد.

۵۸

تمامِ بدنِ زن از غذا پر شده. غذاهای مختلفی که شما را به خوردن وامی‌دارند. شما نمی‌خواهید زن تمام شود اما گرسنه هستید و دستِ خودتان نیست. زن اشتیاقِ شما را بد فهمیده و نگران نیست.

با برخی نمی‌دانم-ساعت-چند-است
با تو همیشه می‌دانم
دیروقت است.

۵۹

زن یکی از اعضای بدنش را برای مرد ممنوع کرده است. می‌گوید این عضو آینده‌ی من است. به سمتش نرو. مرد وسوسه را در ذهنش می‌سازد. وسوسه در ذهنش چیزی را می‌میراند.

بدنِ من زمانِ حال بود. دیگر نیست.

۶۰

من
غیر دیگری دارم
که در تو
با صدای ناله
شناختمش.

۶۱

زنی کنار یک زن دیگر خوابیده. روی هر یک از اعضای بدنش صفتی نوشته شده. روی دست نوشته، مهربان. روی سینه نوشته، بزرگ. روی آلت نوشته، زیبا، و همین‌طور ادامه دارد. زنِ دیگر اما ساکت است و به معلمی می‌اندیشد که زبانِ مادری را روی یک آینه درس می‌داد.

کلمات از داخل ما بیرون می‌آیند اما خارج ما ساخته می‌شوند. با هر کلمه فاصله را معنا می‌کنیم.

۶۲

دو مرد چند واژه می‌سازند در تخت تا با یکدیگر حرف بزنند. سیلی از کلمات اما
منتظر است که ویران کند.

میلِ من

مالِ من

۶۳

شمس می‌گفت: «هر عضو بدن مکافات خود را دارد.» مولانا گفت: «دستم بگیر.» دست در دستِ مولانا گذاشت. مولانا گفت: «پایم بمال». پا را بر پایش نمالید. در تصویر، تمام اعضا در حال تعریف کردن‌اند.

پا، نرم بود؛ دست، لطیف بود. چشم، شهلا بود؛ لب، قرمز بود. عقل؛ در او فعلی همیشه ماضی بود.

۶۴

بیرون پنجره یک دستِ زن افتاده است. مشت می‌شود. باز می‌شود. پنجه می‌شود و آرام می‌شود بر لبِ پنجره.

به من چیزی برای نگاه کردن بده. آینه نمی‌دهد.

۶۵

تو را بیشتر از آن می‌خواستم
که بعدا نخواستم.

۶۶

در تخت
هر یک از ما
در خودمان
چند نفر را
می‌شناسیم؛
با عمرِ
کوتاهشان.

۶۷

در یک مراسم آیینی شما دعوت می‌شوید تا برای احترام به سنّتی قدیمی عریان شوید. شما از معنای این سنّت می‌پرسید و پیرمردی عریان که در حرف‌زدن، چروک‌های بدنش با دهان تکان می‌خورند، به شما می‌گوید، «تن سر آغاز معناست،» و بعد می‌میرد. بدونِ جسد.

بدنم وسیله بود
مُردم و گیج شدم.

۶۸

مرد می‌گوید وقتی پرنده بودم فهمیدم پرندگان حرف می‌زنند. حضار به او می‌خندند. او پرنده می‌شود می‌رود.

بدن ما منظره‌ای‌ست که در آن حرف می‌زنیم. با تو اما منظره‌ای می‌دوید.

۶۹

در یک کلاس درس، نوجوانی اسم معشوقه‌اش را روی نیمکت می‌نویسد، می‌داند که می‌خواهد روی اسم دست بکشد. دست خود را آماده می‌کند.

من بلدم اسمت را جوری صدا بزنم که تا به حال نشنیده‌ای. من بلدم با اسمت زندگی کنم.

۷۰

معنای تو این بود

که بدن

باشی.

۷۱

هرکس
با تنش
می‌آید.

۷۲

با تو
معنای با را فهمیدم
حالا با هستم
و تو نیستی
با

عزیزم
چیزی در من
از بدنم شروع می‌شود
از مالشی خفیف
بر سطح پارچه
و ساخته شدن آن چروکِ زیر چشم.
وقتی همه‌ی وقت‌های رویا و
پا تکان‌دادن در هوا
به تو که می‌رسند
جمع می‌شوند
و ناله می‌کنند.

تا امروز چیزهای زیادی از من دیده‌ای

برای مثال تشنگی‌ای که در من می‌دود

همراه با یک بیابان

تا زیر سوالِ "چه باید کرد"

سرخوش، ترا نشان بدهد.

امروز اما، نه اینکه دست من باشد،

خمیازه‌ام را می‌بینی

که روز را گود می‌کند

و بیابان‌های درونم را

با گرگ‌های گرسنه و مغمومش

نشانت می‌دهد.

ناکام

با صدایی که یوزپلنگ‌ها
با دیدن شاش کف‌کرده‌ی طعمه‌ای
درمی‌آورند،

ناآرام در پشتِ در
پنجه‌هایش اما
آرام آرام به درون پوستش
عقب می‌نشینند
و پشت سر خراش‌هایی کوچک
می‌سازند.

زنِ اشتیاق بی‌حدوحصر
آن طرفِ در
دور می‌شود.